AF330953

8° F Pièce
4248

RÉPUBLIQUE FRANÇAISE

MINISTÈRE DE LA GUERRE

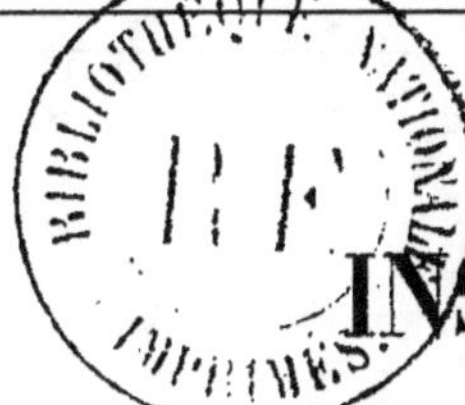

PRÉFECTURE
de MEURTHE-&-MOSELLE
— × —
DÉPOT LÉGAL
N° 539 XII 08

INSTRUCTION

DU 22 AVRIL 1908

RELATIVE

aux appels périodiques en temps de paix des hommes des différentes catégories de réserves.

BERGER-LEVRAULT & Cie, ÉDITEURS

PARIS	NANCY
5, RUE DES BEAUX-ARTS, 5	18, RUE DES GLACIS, 18

1908

RÉPUBLIQUE FRANÇAISE

MINISTÈRE DE LA GUERRE

INSTRUCTION

du 22 avril 1908 relative aux appels périodiques en temps de paix des hommes des différentes catégories de réserves.

I — Conditions et dates des convocations

DISPOSITIONS GÉNÉRALES

Les hommes de la réserve de l'armée active ou de l'armée territoriale, astreints à accomplir une période d'exercices dans le courant de l'année, sont convoqués, soit simultanément, soit en plusieurs séries, d'après les principes exposés ci-après.

Le nombre et l'importance de ces séries ainsi que les dates de convocation sont fixés, pour chaque corps, dans les limites indiquées par la présente instruction, par le gouverneur militaire ou le général commandant le corps d'armée sur le territoire duquel ce corps est normalement stationné ([1]).

En ce qui concerne les réservistes des troupes coloniales, les généraux commandant le territoire déterminent les époques de convocation, après entente avec le général commandant le corps d'armée des troupes coloniales.

([1]) Les dispensés de l'article 23 de la loi du 15 juillet 1889 pourvus du certificat d'aptitude à l'emploi de chef de section ou de peloton et ceux des articles 21 et 22 de la même loi qui se trouvent dans les mêmes conditions et qui auront demandé à concourir pour le grade de sous-lieutenant de réserve seront convoqués pour leur période spéciale dans les conditions prévues par les instructions relatives au recrutement des officiers de réserve.

Tableau des convocations

ANNÉES de convocation	PREMIER APPEL (Réserve)	DEUXIÈME APPEL (RÉSERVE) — Régiments d'infanterie subdivisionnaires et bataillons de chasseurs à pied — 1er régiment de la brigade et bataillons de chasseurs de numéro impair	DEUXIÈME APPEL — 2e régiment de la brigade et bataillons de chasseurs de numéro pair	DEUXIÈME APPEL — Régiments régionaux, bataillons de place, régiments de zouaves, infanterie coloniale, armes autres que l'infanterie et troupes d'administration	TROISIÈME APPEL (ARMÉE TERRITORIALE) — ARMES COMBATTANTES — Infanterie — Régiments rattachés au 2e régiment actif de la brigade, bataillons de chasseurs rattachés à des bataillons actifs de numéro pair, bataillons de zouaves de numéro pair	Infanterie — Régiments rattachés au 1er régiment actif de la brigade, bataillons de chasseurs rattachés à des bataillons actifs de numéro impair, bataillons de zouaves de numéro impair	Armes autres que l'infanterie — Escadrons de dragons, groupes d'artillerie rattachés au régiment actif portant le numéro le plus faible de la brigade ou à des bataillons à pied de numéro impair, bataillons du génie de numéro pair	Armes autres que l'infanterie — Escadrons de cavalerie légère, groupes d'artillerie rattachés au régiment actif portant le numéro le plus fort de la brigade ou à des bataillons à pied de numéro pair, bataillons du génie de numéro impair	TROUPES d'administration — Sapeurs-conducteurs du génie — Train des équipages	REVUES d'appel (Réserve de l'artillerie territoriale)
1908	(¹) H¹ des classes { 1901 1902 1903 1904 1905 } et quelques spécialités des H² et H³ des classes 1901 et 1902	Classe 1898 Classe 1899	»	Classe 1898	Classe 1892 Classe 1893	»	Classe 1892 Classe 1893	»	Classe 1892	Classe 1887
1909	H² et H³ des classes { 1901 1902 }	»	Classe 1898 Classe 1899	Classe 1899	»	Classe 1892 Classe 1893	»	Classe 1892 Classe 1893	Classe 1893	Classe 1888
1910	H² et H³ des classes { 1903 1904 }	Classe 1900 Classe 1901	»	Classe 1900	Classe 1894 Classe 1895	»	Classe 1894 Classe 1895	»	Classe 1894	Classe 1889
1911	Classe 1905 ½ classe 1906	»	Classe 1900 Classe 1901 Classe 1902	Classe 1901 ½ cl. 1902	»	Classe 1894 Classe 1895	»	Classe 1894 Classe 1895	Classe 1895	Classe 1890
1912	½ classe 1906 Classe 1907	Classe 1902 Classe 1903 Classe 1904	»	½ cl. 1902 Classe 1903	Classe 1896 Classe 1897	»	Classe 1896 Classe 1897	»	Classe 1896	Classe 1891
1913	Classe 1908	»	Classe 1903 Classe 1904 Classe 1905	Classe 1904 ½ cl. 1905	»	Classe 1896 Classe 1897	»	Classe 1896 Classe 1897	Classe 1897	Classe 1892
1914	Classe 1909	Classe 1905 Classe 1906	»	½ cl. 1905 Classe 1906	Classe 1898 Classe 1899	»	Classe 1898 Classe 1899	»	Classe 1898	Classe 1893
1915	Classe 1910	»	Classe 1906 Classe 1907	Classe 1907	»	Classe 1898 Classe 1899	»	Classe 1898 Classe 1899	Classe 1899	Classe 1894

Nota. — Avec les troupes d'administration marchent les compagnies du train des équipages et les compagnies de sapeurs-conducteurs du génie.

(¹) Par H¹ il y a lieu d'entendre les hommes qui, sous le régime de la loi de 1889, n'étaient assujettis qu'à un an ou n'ont fait en réalité qu'un an de service actif. Aux termes de la loi du 14 avril 1908, les hommes de cette catégorie appartenant aux classes 1901, 1902, 1903, 1904, 1905 seront, exceptionnellement, convoqués en 1908 pour une période de quatre semaines. Toutefois ceux qui auront été libérés du service actif après le 1er janvier 1908 accompliront leur première période avec les hommes de leur classe ayant fait plus d'un an de service, ainsi que les anciens bénéficiaires de l'article 23 de la loi de 1889 qui ont déjà accompli la période spéciale aux dispensés. Par H² et H³, entendre les hommes ayant accompli deux et trois années de service.

sauf pour les compagnies de sapeurs-conducteurs. Elle portera sur moitié du nombre des unités chaque année.

C'est ainsi que seront appelées :

En 1908 et 1909, les classes 1893 et 1892;

En 1910 et 1911, les classes 1895 et 1894, etc.

A) *Infanterie*

Seront convoqués dans l'année les corps territoriaux (régiments d'infanterie, bataillons de chasseurs à pied) rattachés à des corps actifs qui n'ont pas, en général, d'autres unités convoquées cette même année.

C'est ainsi que seront convoqués :

Les années de millésime pair : les régiments territoriaux d'infanterie rattachés au deuxième régiment actif de chaque brigade et les bataillons territoriaux de chasseurs rattachés à des bataillons de numéro pair ;

Les années de millésime impair : les régiments territoriaux d'infanterie rattachés au premier régiment actif de chaque brigade et les bataillons territoriaux de chasseurs rattachés à des bataillons de numéro impair, de façon que, dans chaque corps actif de rattachement, il puisse être procédé, chaque année, à la convocation d'un corps de complément, mais d'un seul.

Dans les zouaves, les bataillons territoriaux portant des numéros pairs seront formés les années de millésime pair; les bataillons territoriaux portant des numéros impairs seront convoqués les années de millésime impair.

B) *Cavalerie*

Les convocations auront lieu en une ou plusieurs séries :

Les années de millésime pair pour les escadrons territoriaux de dragons ;

Les années de millésime impair pour les escadrons territoriaux de légère.

C) *Artillerie*

Les convocations auront lieu en une ou plusieurs séries :

Les années de millésime pair pour les groupes territoriaux rattachés au régiment portant le numéro le plus faible dans chaque brigade ainsi que pour les groupes territoriaux rattachés à des bataillons d'artillerie à pied portant des numéros impairs.

Les années de millésime impair pour les groupes territoriaux rattachés au régiment portant le numéro le plus élevé dans chaque brigade ainsi que pour les groupes territoriaux rattachés à des bataillons d'artillerie à pied portant des numéros pairs.

D) *Génie (sauf pour les compagnies de sapeurs-conducteurs)*

Les convocations auront lieu en une ou plusieurs séries :

Les années de millésime pair pour les bataillons territoriaux portant des numéros pairs ;

Les années de millésime impair pour les bataillons territoriaux portant des numéros impairs.

E) *Compagnie de sapeurs-conducteurs du génie. — Train des équipages. Troupes d'administration*

La convocation annuelle aura lieu par appels échelonnés pendant toute l'année et par classe, savoir : en 1908, la classe 1892; en 1909, la classe 1893; en 1910, la classe 1894, etc.

4° Prescriptions particulières

Quel que soit l'appel (1er, 2e ou 3e) les hommes comptant au dépôt sont, pour les appels, versés dans les autres unités du corps.

Pour toutes les convocations autres que celle des manœuvres d'automne, les généraux commandant les corps d'armée fixeront les dates et donneront les instructions nécessaires. Ils rendront compte au ministre (1) dès le 1er décembre de l'année qui précédera l'appel.

Pour la fixation des dates, ils s'inspireront non seulement des nécessités primordiales de l'instruction des troupes et de celle des hommes appelés, mais encore des exigences du service particulières, soit à leur région, soit à chacun des corps intéressés (exercices d'application du service de l'artillerie en campagne, exercices de pontage, travaux de campagne, etc. ; logement ; habillement, exigences de la mobilisation).

---

(1) État-major de l'armée (1er bureau).

Ils s'efforceront, en même temps, de concilier, aussi complètement que possible, les exigences militaires avec l'intérêt des populations rurales et ouvrières qui habitent le territoire placé sous leurs ordres.

Ils se concerteront, à ce sujet, avec les préfets et, s'il y a lieu, avec les généraux commandant les régions dont relèvent les réservistes ou territoriaux affectés aux corps sous leurs ordres. Ils se conformeront aux prescriptions données plus loin pour les fêtes et les périodes électorales.

On ne perdra jamais de vue que les réservistes et les territoriaux sont des soldats et des hommes faits, aptes à prendre leur place dans le rang après une période de réentraînement très courte.

Ils ne devront être employés à des travaux de corvée que dans la mesure strictement nécessaire.

CONVOCATION DES RÉSERVISTES PENDANT LES MANŒUVRES D'AUTOMNE

La période d'exercices, correspondant aux manœuvres d'automne, est déterminée par les gouverneurs militaires et les généraux commandant les corps d'armée (y compris l'Algérie et la Tunisie), en tenant compte des dates qui seront fixées pour l'exécution de ces manœuvres et de manière que les hommes convoqués puissent être renvoyés chez eux aussitôt après leur rentrée dans leur garnison à l'issue des manœuvres.

Dans un même corps d'armée il pourra être fixé des dates différentes pour cette période, si les unités (divisions ou brigades) composant le corps d'armée ne manœuvrent pas à la même époque.

CONVOCATION DES RÉSERVISTES DU DEUXIÈME APPEL

Les réservistes du deuxième appel sont, en principe, réunis dans des camps d'instruction.

La date de convocation pour chaque corps est fixée par le général commandant le corps d'armée.

CONVOCATION DES HOMMES DE L'ARMÉE TERRITORIALE

La réunion des corps de troupe territoriaux d'infanterie pourra avoir lieu dans des camps lorsque la chose sera possible.

Dans le cas contraire, ces corps de troupe seront convoqués, soit dans les garnisons par bataillons successifs ([1]), soit en entier dans les garnisons pendant l'absence des régiments actifs.

Les commandants de corps d'armée adopteront celle de ces trois solutions qu'ils estimeront la meilleure.

NON-CONVOCATION PENDANT LES FÊTES ET LES PÉRIODES ÉLECTORALES

Les séries de plusieurs jours de fête consécutifs doivent être, sauf exceptions justifiées, laissées en dehors des périodes d'exercices.

Il conviendra même de fixer les dates des convocations de telle sorte que les périodes ne commencent, autant que possible, que vingt-quatre heures après la fin et se terminent deux ou trois jours avant le commencement d'une série de jours de fête.

Cette prescription s'applique plus particulièrement aux fêtes de Pâques, de la Pentecôte et à la série Noël-jour de l'an.

Aucun homme des réserves ne doit être appelé sous les drapeaux pour une période d'exercices au moment des élections générales ou partielles auxquelles il peut être appelé à prendre part.

Lorsque des élections générales (Sénat, Chambre des députés, conseils généraux, conseils d'arrondissement, conseils municipaux) doivent avoir lieu dans le courant d'une année, le ministre de la guerre en informe, en temps utile, les gouverneurs militaires et les généraux commandant les corps d'armée.

Il ne peut pas être procédé de la même manière, en ce qui concerne les élections partielles, en raison des délais très courts impartis par la loi, lorsqu'il s'agit, par exemple, de pourvoir à une vacance de conseiller d'arrondissement ou de procéder à des élections municipales partielles. Les inconvénients qui en résulteraient pourront, d'ailleurs, être en partie évités si l'on a eu soin de se conformer, en temps utile, aux prescriptions de la circulaire du 17 janvier 1898 (*B. O.*, É. M., vol. 71, page 416 [2]).

([1]) Pour les régiments d'infanterie. Pour les bataillons de chasseurs et de zouaves on pourra convoquer par une ou deux compagnies.

([2]) « Chaque fois qu'une élection partielle devra se produire dans un département le préfet devra en aviser le commandant de corps d'armée et se concerter avec lui sur le choix de la date de l'élection, soit qu'il convoque lui-même le

CONVOCATION EN CAS D'ÉPIDÉMIE

Les réservistes ou territoriaux sur le point d'être appelés dans une place contaminée par une épidémie nettement caractérisée ne seront pas, en principe, ajournés; ils seront convoqués, en temps utile, et sans changement de date, dans une autre place de la région possédant un détachement de leur corps ou un autre corps de leur subdivision d'arme.

S'il est impossible de trouver les ressources suffisantes sur le territoire même de la région, le commandant du corps d'armée intéressé se concertera avec les commandants de corps d'armée limitrophes pour assurer les convocations ci-dessus sur leur territoire, en répartissant, au besoin, les hommes appelés entre plusieurs corps d'armée, d'après la situation de leur subdivision d'origine.

Les nouveaux ordres d'appel porteront alors au verso la mention, à l'encre rouge, « et par mesure exceptionnelle » au-dessous des mots « par ordre du ministre de la guerre ».

Le commandant du corps d'armée, sur le territoire duquel règne l'épidémie, adressera immédiatement au ministre (état-major de l'armée, 1er bureau) un compte rendu des dispositions qu'il aura prises.

CONVOCATION DES HOMMES DE LA RÉSERVE DE L'ARMÉE TERRITORIALE AFFECTÉS, EN TEMPS DE GUERRE, A LA GARDE DES VOIES DE COMMUNICATION ET DES POINTS IMPORTANTS DU LITTORAL OU EMPLOYÉS COMME AUXILIAIRES D'ARTILLERIE.

« Les hommes de la réserve de l'armée territoriale qui, en temps de guerre, sont affectés à la garde des voies de communication et des points importants du littoral, ou employés comme auxiliaires d'artillerie dans les places fortes et dans les ouvrages fortifiés du littoral, peuvent être, en temps de paix, astreints à des exercices spéciaux dont

---

corps électoral, soit qu'il ait à saisir le ministre de l'intérieur de propositions en vue de l'élaboration du décret de convocation.

« De leur côté les commandants de corps d'armée devront prendre soin d'aviser les préfets, aussi longtemps que possible à l'avance, des dates auxquelles devront s'ouvrir les diverses périodes d'instruction. »

la durée totale, pendant les six années passées dans la réserve de l'armée territoriale, n'excède pas sept jours (¹). »

Une circulaire annuelle fixe la nature et la durée de ces exercices.

Les commandants de corps d'armée intéressés adressent, en temps utile, au ministre (état-major de l'armée, 1ᵉʳ bureau) des propositions, présentées après entente avec les préfets, au sujet des dates de convocation.

II — Ordres de convocation

Les hommes des différentes catégories de réserves astreints à une période d'exercices ou à une revue d'appel, sont convoqués directement et par ordres d'appel individuels (format carte postale) au corps, service, établissement ou lieu de rassemblement où ils doivent accomplir leur période ou se présenter.

Les ordres d'appel sont établis par les commandants de recrutement et envoyés aux intéressés dans les conditions indiquées par l'instruction du 20 mars 1901, modifiée le 17 mars 1902.

Le jour et l'heure de l'arrivée à destination sont déterminés en admettant que l'homme convoqué quitte son domicile ou sa résidence le premier jour de sa période, à la première heure, et en tenant compte de la distance et des facilités de communication.

Les ordres d'appel doivent parvenir aux intéressés, autant que possible, deux mois avant la date fixée pour le commencement de la période. Ce délai sera porté à trois mois toutes les fois que les circonstances le permettront.

III — Affiches de renseignements (²)

DISPOSITIONS GÉNÉRALES

Des affiches, destinées à renseigner les hommes des différentes catégories de réserves sur les obligations qui leur incombent au cours de

---

(¹) Article 41 de la loi du 21 mars 1905, modifié par la loi du 14 avril 1908.

(²) Outre les renseignements portés sur les affiches, les commandants de corps d'armée doivent, conformément aux prescriptions de l'instruction du 28 décembre 1895 (art. 203) se concerter avec les préfets pour que les dispositions relatives au nombre et à la date des séries d'appel dans chacun des corps de troupe qui reçoivent des réservistes ou des territoriaux domiciliés sur le territoire de la région, reçoivent, aussitôt que possible, toute la publicité désirable.

l'année suivante, au point de vue des périodes d'exercices ou des appels, sont placardées dans chaque région vers le 1er décembre.

Ces affiches sont établies, par les soins des gouverneurs militaires et des généraux commandant les corps d'armée, en nombre suffisant pour satisfaire à tous les besoins.

Les commandants de recrutement sont chargés de les répartir entre les maires des communes de leur subdivision.

Ces magistrats municipaux feront placarder les affiches, en vedette, sur les points les plus fréquentés de la commune et des hameaux qui en dépendent et dans des conditions telles qu'elles ne puissent pas être confondues avec les affiches ordinaires.

Elles ne doivent être ni couvertes, ni détruites avant le jour de l'appel de la dernière série, afin que les intéressés puissent les consulter jusqu'à ce moment. Mention de cette prescription doit être faite sur l'affiche, à sa partie supérieure. La gendarmerie et la police locale doivent veiller à son exécution.

Aussitôt que l'affiche a été établie, les gouverneurs militaires et les généraux commandant les corps d'armée en adressent deux exemplaires au ministre (état-major de l'armée, 1er bureau).

RENSEIGNEMENTS A FAIRE FIGURER SUR LES AFFICHES

Les affiches font connaître :

1° Les classes ou fractions de classes et les différentes catégories de réservistes ou territoriaux appelés sous les drapeaux au cours de l'année pour une période d'exercices ou une revue d'appel ;

2° Le mode de convocation (envoi, à chaque homme, par la poste, d'un ordre d'appel format carte postale);

3° Les pénalités encourues pour manquements ou retard.

Les affiches donnent, en outre, sous la rubrique « Avis important » les indications suivantes :

DISPENSES

Aux termes des articles 41, 59 et 64 de la loi de recrutement modifiée le 14 avril 1908, ne sont ou ne peuvent être dispensés des périodes de convocation que les hommes ci-après :

Sont dispensés :

a) Les hommes appartenant à l'armée territoriale qui, au moment de l'appel de leur classe pour une période d'instruction, seront inscrits, depuis au moins cinq ans, sur les contrôles des corps des sapeurs-pompiers régulièrement organisés ;

b) De la première période d'exercices dans la réserve : les hommes ayant accompli au moins trois ans de services effectifs ou une période de séjour aux colonies ;

c) Des deux périodes d'exercices dans la réserve : les hommes ayant accompli au moins quatre ans de services.

Peuvent être dispensés :

a) Les hommes classés dans le service auxiliaire (¹);

b) Sur l'avis du consul de France, les jeunes gens qui ont établi leur résidence à l'étranger, hors d'Europe, et qui y occupent une situation régulière.

AJOURNEMENTS

Aux termes de la même loi :

Les militaires de la réserve, de l'armée territoriale et de la réserve de l'armée territoriale convoqués à une manœuvre, à une période d'exercices ou à un exercice spécial, ne peuvent obtenir aucun ajournement, sauf en cas de force majeure dûment justifiée : les bénéficiaires d'ajournement seront rappelés pour une période similaire, soit l'année suivante, soit deux ans après. En aucun cas, l'ajournement ne peut être accordé deux fois de suite pour la même période d'instruction.

SOUTIENS DE FAMILLE

Aux termes de la loi du 14 avril 1908 :

Les hommes de la réserve et de l'armée territoriale convoqués, qui croiraient avoir des droits à l'allocation journalière fournie par l'État, pendant la durée de leur période, aux hommes remplissant effective-

---

(¹) Dans le cas où une dispense générale serait accordée aux hommes du service auxiliaire cette prescription (*a*) ne figurerait pas sur l'affiche. Elle y serait remplacée par l'indication suivante mise avant ce qui concerne les dispensés :

« Les hommes du service auxiliaire n'accompliront pas de période en... »

ment les devoirs de soutien indispensable de famille, devront adresser leur demande au maire de leur commune (à Paris, au maire de leur arrondissement) pour l'obtention de cette allocation qui est fixée, par jour, à 75 centimes, et majorée de 25 centimes pour chaque enfant de moins de seize ans à la charge de l'homme convoqué.

Il leur sera donné récépissé de leur demande qui comprendra, à l'appui :

1° Un relevé des contributions payées par le réclamant ou ses ascendants certifié par le percepteur ;

2° Un état certifié par le maire de la commune et indiquant le nombre et la position des membres de la famille vivant sous le même toit ou séparément, le revenu et les ressources de chacun d'eux.

DEVANCEMENTS D'APPEL

A titre tout à fait exceptionnel des devancements d'appel pourront être accordés dans les conditions ci-après :

Pour la même année, aux hommes appartenant à des corps ayant des convocations par séries ou par appels échelonnés.

Pour une des années précédentes et à condition d'accomplir une période d'exercices identique à celle à laquelle ils auraient été normalement convoqués, aux réservistes et territoriaux appartenant à des corps convoquant tous les hommes du même appel en même temps.

RECOMMANDATION IMPORTANTE

Il est recommandé aux hommes qui se présentent à la gendarmerie pour remettre une demande ou obtenir un renseignement d'être toujours porteurs de leur livret individuel.

Un paragraphe spécial de l'affiche donnera les indications relatives à l'armée de mer (équipages de la flotte et corps des armuriers de la marine).

Enfin, une partie de l'affiche, nettement séparée des précédentes, indiquera la classe de la réserve de l'armée territoriale (¹) et, jusqu'à extinction, les classes d'hommes des services auxiliaires qui doivent

---

(¹) Hommes du service auxiliaire compris.

répondre à une revue d'appel. Elle spécifie les conditions dans lesquelles l'appel aura lieu (instruction du 27 novembre 1901).

Les divers renseignements à faire figurer sur les affiches seront rédigés dans une forme méthodique, claire et facile à saisir, et groupés dans une disposition qui permette à chaque homme de trouver, le plus aisément possible, les prescriptions qui le concernent (¹).

IV — Dispenses. — Ajournements. — Devancements d'appel. Changements de destination

Pour les demandes d'ajournement (²) et, s'il y a lieu, de dispense, on se conformera aux dispositions ci-après.

L'intéressé remettra sa demande motivée à la gendarmerie (³) la plus rapprochée de sa résidence. La gendarmerie procédera immédiatement à une enquête sur la valeur des motifs invoqués. Elle en transmettra, sans retard, les résultats, avec la demande, au chef de corps ou de service de l'intéressé qui avisera celui-ci de sa décision (⁴) et en informera, en même temps, le commandant de recrutement de sa subdivision.

En cas de nécessité urgente (⁵), l'homme pourra envoyer directement et, au besoin, par télégramme, sa demande motivée à son chef de corps ou de service. Si celui-ci estime les motifs suffisants, il pourra accorder tout de suite l'autorisation sollicitée. Mais la demande sera, aussitôt après, renvoyée par lui à la gendarmerie, pour enquête. Dans le cas où cette enquête ferait ressortir l'inexactitude des faits invoqués,

---

(¹) En outre, à titre d'expérience pour cette année et conformément à l'instruction provisoire du 28 mars 1908 réglant le mode d'attribution des allocations journalières aux familles des réservistes et territoriaux désignés comme soutiens indispensables de famille, les commandants de recrutement adresseront, dans le courant du mois de novembre 1908, à tous les réservistes et territoriaux appelés à faire une période d'instruction en 1909, une carte postale-avis pour les prévenir de leurs obligations militaires.

(²) Il est rappelé que, par cas de force majeure envisagé par la loi, il convient d'entendre toute impossibilité d'ordre matériel ou moral.

(³) Pour les hommes en résidence à l'étranger, hors de France, la demande sera remise au consul de France qui fera l'enquête et transmettra le dossier.

(⁴) Par une carte de correspondance envoyée en franchise par la poste et conservée par le destinataire.

(⁵) Par exemple, décès de la femme ou d'un enfant la veille de la mise en route.

une punition disciplinaire serait infligée à l'homme dès son arrivée au corps, pendant la période ou l'exercice suivant auquel il assistera.

Les mêmes dispositions s'appliqueront aux devancements d'appel.

Il ne peut être accordé aucun changement de destination.

V — Avis à donner par les gouverneurs militaires et les généraux commandant les corps d'armée aux chefs de corps et aux commandants des bureaux de recrutement. — Renseignements à échanger entre les corps et les bureaux de recrutement.

A. — Les gouverneurs militaires et les généraux commandant les corps d'armée font connaître, le plus tôt possible, aux chefs de corps, chacun en ce qui le concerne, et aux commandants des bureaux de recrutement placés sous leurs ordres, pour l'ensemble de la région :

1° Le nombre des séries de convocation qui auront lieu l'année suivante, y compris la série coïncidant avec les manœuvres d'automne ;

2° Le nombre approximatif des hommes à convoquer à chaque série dans chaque corps de troupe.

Les commandants des bureaux de recrutement qui fournissent des réservistes ou des territoriaux à des corps stationnés dans d'autres régions reçoivent les mêmes renseignements des généraux commandant ces régions.

B. — Aussitôt que les commandants de recrutement ont reçu les renseignements qui font l'objet du paragraphe A précédent, ils adressent aux corps intéressés une liste nominative (modèle n° 57 de l'instruction du 28 décembre 1895) comprenant :

1° Les hommes de leur subdivision affectés à ces corps qui, par suite d'ajournement, doivent être appelés l'année suivante. Ils indiquent, sur cette liste, la période pour laquelle l'homme a été ajourné ;

2° Les hommes des catégories visées à l'article 189 (¹) de l'instruc-

---

(¹) Hommes qui, au moment de leur convocation, sont en simple résidence en Corse, en Algérie ou en Tunisie.

Hommes domiciliés en Corse, en Algérie ou en Tunisie, qui, au moment de leur convocation, résident régulièrement en France.

Les premiers accomplissent leur période d'instruction dans l'île, la colonie ou la régence et, autant que possible, dans un corps de leur arme.

Les seconds la font dans un corps de leur arme le plus voisin de leur résidence.

tion du 28 décembre 1895, qui doivent accomplir leur période dans le corps.

De leur côté, les chefs de corps, lorsqu'ils ont été informés du nombre et de l'importance des séries et des dates de convocation et, autant que possible, trois mois avant la date fixée pour le commencement de chaque série, font établir en double expédition et envoient aux commandants des bureaux de recrutement intéressés des listes nominatives (modèle 59 [1] de l'intruction du 28 décembre 1895) indiquant par classe de mobilisation, en commençant par la plus ancienne, les hommes de leur subdivision qui doivent être convoqués pour ladite série.

Les dispositions ci-dessus, relatives à l'établissement par les corps de troupe de la liste nominative (modèle 59) ne s'appliquent pas aux corps qui reçoivent la totalité de leurs réservistes du premier appel en une seule série et celle de leurs réservistes du deuxième appel également en une seule série.

VI — Avis à donner aux compagnies de chemins de fer

Pour faciliter la tâche du service des chemins de fer et éviter tout désordre, les gouverneurs militaires et les généraux commandant les corps d'armée se conforment, en ce qui concerne les convocations qui font l'objet de la présente instruction, aux dispositions de l'article 24 du règlement sur les transports ordinaires par chemin de fer (décret du 4 juin 1902, *B. O.*, É. M., vol. 1003).

VII — Renvoi des hommes dans leurs foyers

Les dates de renvoi dans leurs foyers des hommes qui ont accompli une période d'exercices sont calculées de manière que la durée totale de la convocation (aller et retour compris) n'excède pas les durées fixées par la loi pour ces périodes.

---

[1] Dans ce cas, il convient de modifier comme il suit l'en-tête de l'état modèle n° 59 :

Au lieu de : « Liste nominative, etc. », mettre : « Liste nominative des hommes du recrutement d... qui doivent prendre part à ladite convocation » et rayer les indications, imprimées en petits caractères, de la colonne « Observations et mutations ».

Pour le retour, les hommes convoqués font usage de l'ordre d'appel qui leur a servi à se présenter au corps, après que la formule de retour aura été remplie et signée par le chef de corps.

VIII — Comptes rendus

Aussitôt que les gouverneurs militaires et les généraux commandant les corps d'armée ont arrêté les dispositions relatives aux convocations, ils en adressent un compte rendu sommaire au ministre (état-major de l'armée, 1er bureau).

Ce compte rendu devra indiquer le nombre et la date des séries pour chaque corps de troupe et l'effectif des hommes que le corps est autorisé à convoquer à chaque série.

Les comptes rendus de l'emploi du temps des réservistes et territoriaux, à établir par les chefs de corps, conformément à l'article 41 de la loi du 21 mars 1905, modifié par la loi du 14 avril 1908, seront centralisés par les généraux commandant les corps d'armée.

Ces officiers généraux les feront parvenir, le 15 janvier de chaque année, au ministre (état-major de l'armée, 3e bureau), avec un rapport d'ensemble sur les exercices exécutés par les réservistes et territoriaux de leur corps d'armée, sur les effectifs convoqués pour les manœuvres d'automne et ceux qui y auront pris part.

Dispositions abrogées

Sont abrogées : l'instruction du 21 novembre 1903, relative aux appels périodiques, en temps de paix, des hommes des différentes catégories de réserve, la circulaire du 21 septembre 1904, l'instruction du 14 septembre 1906 et son addition du 16 janvier 1907, réglant la procédure à suivre pour les demandes de sursis et d'ajournements formées par les réservistes et territoriaux appelés à effectuer des périodes d'instruction et, d'une manière générale, toutes les dispositions de l'instruction du 28 décembre 1895, qui sont contraires à la présente instruction.

Le ministre de la guerre,
G. PICQUART.

Nancy, impr. Berger-Levrault et Cie

BERGER-LEVRAULT ET Cᶦᵉ, LIBRAIRES-ÉDITEURS

PARIS, 5, rue des Beaux-Arts — rue des Glacis, 18, NANCY

Le Recrutement de l'armée. *Commentaire de la loi du 21 mars 1905.* (Dispositions générales. Des appels. Corps spéciaux. Tirage au sort. Revision. Taxe militaire. Service dans l'armée active et dans les réserves. Organisation. Cadres. Mobilisation. Non-disponibles. Engagements volontaires. Rengagements. Dispositions pénales, etc.), par Ch. RABANY, chef du bureau des affaires militaires au ministère de l'intérieur. 2ᵉ édition, entièrement refondue et mise à jour. 1906. Un volume in-8 de 1 081 pages, broché. **12 fr.** — Relié en percaline. **14 fr.**

Recrutement de l'Armée. *Loi du 21 mars 1905 (Service de deux ans), suivie de l'Instruction du 20 octobre 1905 relative à l'établissement des tableaux de recensement.* In-8, 120 pages, broché . . . . **60 c.**

— **Loi du 21 mars 1905 sur le Recrutement de l'armée (Service de deux ans).** *Texte et tableaux annexes.* Brochure in-8 de 64 pages . . . . **25 c.**

— **Engagements volontaires dans les troupes métropolitaines.** Décret du 27 juin 1905. In-8 . . . . **15 c.**

— **Instruction du 29 décembre 1905 relative aux opérations du Conseil de revision** pour la formation des classes. In-8 . . . . **50 c.**

Vade-mecum du militaire engagé, rengagé ou commissionné. *Recrutement de l'armée. Engagements. Rengagements. Commissions. Emplois civils. Soldes et indemnités diverses. Pensions. Conseils d'enquête. Avantages matériels et moraux accordés aux rengagés, etc.,* par MATHIOT, officier d'administration d'état-major. 1907. Un vol. in-8 de 338 pages, br. **3 fr. 50**

Cérémonies publiques, Préséances, Honneurs civils et militaires. Décret du 16 juin 1907, suivi des arrêtés ministériels des 7, 12, 21 et 30 décembre 1907. In-8, broché. **60 c.**

Instruction du 20 août 1907 relative à la participation de l'armée au maintien de l'ordre public. Brochure de 28 pages. . . . . **15 c.**

Les Réquisitions militaires. *Commentaire de la loi du 3 juillet 1877 et du règlement d'administration publique du 2 août 1877,* par Henri MORGAND, chef de bureau au ministère de l'intérieur. 3ᵉ édition, augmentée. 1896. Un volume in-8 de 648 pages, broché . . **10 fr.** Relié en percaline. . . . . **12 fr.**

Les Réquisitions militaires du temps de guerre. *Étude de droit international public,* par Ch. PONT, capitaine d'infanterie breveté, docteur en droit. 1905. Un volume gr. in-8, br. **4 fr.**

Dictionnaire de l'Administration française, par Maurice BLOCK, membre de l'Institut. 5ᵉ édition, refondue et considérablement augmentée, sous la direction d'Édouard MAGUÉRO, directeur de l'enregistrement. 1905. Deux tomes formant un volume grand in-8 de 2 741 pages, brochés, avec un *Supplément* novembre 1907, de 112 pages. . . . . **42 fr. 50** Reliés en demi-maroquin, plats toile, avec le *Supplément* broché . . . . **50 fr.** »

Annuaire de l'Administration préfectorale. *Administration centrale. Notices individuelles. Personnel des fonctionnaires. Organisation.* 7ᵉ édition, revue, augmentée et mise à jour. 1907. Volume grand in-8 de 784 pages, broché. **12 fr.** — Relié en demi-chagrin. **15 fr. 50**

La Loi municipale. *Commentaire de la loi du 5 avril 1884 sur l'organisation et les attributions des conseils municipaux,* par Léon MORGAND, ancien chef de bureau au ministère de l'intérieur. 1ᵉʳ volume : *Organisation.* — 2ᵉ volume : *Attributions et comptabilité.* 7ᵉ édition. 1906. Avec un *Appendice 1908.* Deux forts volumes in-8, 1 514 pages, brochés . . . **18 fr.** Reliés en percaline . . . . **21 fr.**

La Réforme du mariage. *Commentaire théorique et pratique de la loi du 21 juin 1907 à l'usage des parquets, greffes, mairies,* par Raoul PÉRET, docteur en droit, député, rapporteur de la loi à la Chambre des députés, et J. RONDELET, docteur en droit, substitut du procureur de la République à Chartres. 3ᵉ tirage. 1908. Volume in-8 de 76 pages, broché. . . . **2 fr.**

La Loi Péret. *Règles nouvelles pour la délivrance des actes de naissance.* Commentaire pratique de la loi du 30 novembre 1906 et des dispositions qui s'y rattachent, à l'usage des parquets, greffes, justices de paix et mairies, par J. RONDELET, substitut. 1907. Vol. in-8, br. **2 fr.**

Dictionnaire des Communes (France et Algérie), avec l'indication de la **Perception** *dont relève chaque commune.* Suivi de la liste alphabétique des communes des colonies et des protectorats. Nouvelle édition, revisée, complétée et mise à jour. 1903. Un volume in-8 de 726 pages, relié en percaline souple. . . . . **6 fr.**

Les Pouvoirs publics. *Organisation et attributions des pouvoirs législatif, exécutif et judiciaire. Matières administratives diverses,* **Précis de Droit,** par André THIBAULT et A. SAILLARD, chefs de bureau au ministère de l'agriculture. 2ᵉ édition. 1906. Un volume in-12 de 460 pages, broché. . . . . **5 fr.** — Relié en percaline. . . . . **6 fr.**

Nancy, impr. Berger-Levrault et Cᶦᵉ

www.ingramcontent.com/pod-product-compliance
Lightning Source LLC
LaVergne TN
LVHW050259030726
842520LV00006B/2472